中国学生培优Q计划

培养孩子美好品德

主编 张新欣

MQ

天津出版传媒集团
天津科学技术出版社

编者的话

《中国学生培优Q计划》丛书基于不同年龄阶段学生的特点，结合国内外学生成长最新研究结果，分别从IQ（智商）、EQ（情商）、MQ（德商）、AQ（逆商）、SQ（灵商）和CQ（创商）六个方面，以故事的形式有计划地编排，旨在让学生通过阅读，潜移默化地提高"6Q"，从而得到全面发展。

丛书共六册，每册独立成书，又与其他各册有机相连。内容丰富生动、简洁易懂，配图精当贴切、趣味盎然。丛书遵循循序渐进的原则，每天一个故事，每天一点熏陶，可以在很大程度上提高学生的阅读兴趣。

《IQ——教会孩子辨别是非》侧重引导学生感受善恶、分清美丑、辨明是非，教会学生认识什么是真善美。

《EQ——帮助孩子与人交往》以培养学生的情商为基本目标，使学生通过轻松愉悦的阅读，学会与人交往的基本道理。

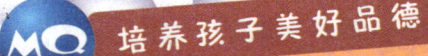 

MQ 培养孩子美好品德

《MQ——培养孩子美好品德》从不同角度展现并赞扬了诚实、勇敢、善良、自信、坚强等众多优秀品质，培养学生良好的道德品质和行为习惯。

《AQ——激励孩子勤勉上进》帮助学生轻松获取战胜困难、挫折的信心和勇气，逐步锻炼出顽强的心理承受能力。

《SQ——满足孩子好奇心理》以发展学生丰富的想象力为主要目标，使学生通过阅读和思索，获得基本的分析现象、灵活处理问题的能力。

《CQ——激发孩子思维潜能》以启迪学生的智慧为主，让学生在成长的过程中，运用智慧战胜困难、解决问题。

在丛书的编撰过程中，我们诚邀教育专家精心编排了"启迪"栏目。"启迪"从不同的角度，以读者的视角写成，帮助学生在轻松的阅读中得到有益的启迪。

我们深信：青少年朋友一定会对这套图文并茂的精美图书爱不释手，同时，他们的人生羽翼一定会在这些经典的故事中渐渐丰满！

目录

培养孩子美好品德

6　青蛙的嫉妒	46　三个贼
10　樵夫的金斧头	49　狮子的答谢
14　天鹅、鱼和螃蟹	53　杜鹃鸟
16　好胜的老虎	56　孔雀皇后
20　蜘蛛的细腰	59　羚羊的尾巴
24　孔雀的尾巴	62　谁最美
28　金乌鸦	65　幸运的鹿
32　蜜蜂和蚯蚓	68　生气的骆驼
34　绿叶和树根	71　白马的故事
36　长鼻子王子	74　西山羊和东山羊
39　仙人和老树	77　三只老鼠偷油
42　喜鹊	80　一壶水

83	生金蛋的鹅	124	神笔马良
85	宰相肚里能撑船	128	孔融让梨
88	毫不利人	132	辛弃疾虚心求教
91	老虎学艺	136	崔枢诚实还珠
94	九色鹿	140	少年宋濂
98	荡秋千的小猴		
102	抓"虱子"		
106	爱显示自己的青蛙		
110	猴子称大王		
114	狐狸和伐木人		
117	日偷一鸡		
121	爱、财富和成功		

青蛙的嫉妒

在一个水草丰美的池塘边,生活着一只争强好胜的青蛙。他嫉妒心很强,从来不能看到有人比他强,动不动就要与别人一争高低。

这不,一只健壮的公牛来池塘边吃草,没注意到身边有一只小青蛙。这下可不得了了!小青蛙见公牛没有理他,个头儿还比自己大,就觉得公牛看不起他,于是非要同公牛比比个头。

于是,他挺直了腰板,努力地吸气,拼命把身子鼓了起来。

"喂,小蛤蟆,你瞧瞧,我现在是不是已经和那头公牛一样大了?"他问身边的小蛤蟆。

蛤蟆吃了一惊，他怎么也没想到青蛙费那么大劲儿，原来是在跟公牛比个头。他说："哪儿的事啊，公牛比你可大多啦！你怎么也赶不上他。"

青蛙接着又使劲儿憋气。这次他不但肚子大了，而且耳膜也凸了出来。他又问蛤蟆："现在呢？"蛤蟆觉得

青蛙太糊涂，就说："你还是小多啦！"

听了蛤蟆的话，气恼了的青蛙更加使劲儿憋气，这回，他连眼睛也鼓出来了。然后，他生气地问："现在，谁大啦？"蛤蟆无奈地说："当然是公牛大啦！你这样很危险的。"青蛙理都不理，接着憋气，憋得脸都红了。最后，他连话也不能说了，就用眼睛看着小蛤蟆。蛤蟆看到青蛙这个

培养孩子美好品德

样子，实在不忍心，只好摇了摇头。

突然，"啪"的一声响，青蛙的肚子胀破了。

公牛听到"啪"的一声轻响，还以为空中有个肥皂泡炸了，于是他晃晃耳朵，又继续吃他的草，根本没看见那只想跟自己比个儿的小青蛙。

看到这一切，小蛤蟆长叹一声，什么也没有说。

启迪

这只小青蛙真糊涂，竟然与公牛比个头！瞧，他的肚子都胀破了，个头却还是比公牛小得多。其实呀，每个人都有短处，谁也不可能处处比别人强。小青蛙要是明白这个道理就好了！

樵夫的金斧头

从前有一个樵夫,生活非常贫困,每天靠打柴过日子。

在他打柴回来的路上,有一条小河,每次到了河边,他就在河里顺便洗洗,用清凉的河水来减轻一天的疲劳。

这天,他又在河边掬水洗脸,突然听到"咚"的一声。他回头一看,放在身边的斧头不见了。"斧头肯定是掉到河里了!没有斧头,我以后靠什么吃饭呀?"想到这里,他哇哇地哭了起来。

突然,他听到一个慈祥的声音从身后传来:"孩子,发生什么事了?"樵夫回头一看,一位老人正站在自己身后。他边哭边说:"我洗脸的时候,不小心把斧头掉到河里

去了。没有了斧头,我以后就没办法生活了。"老人笑着说:"不要急,我帮你把斧头捞上来吧。"说完,老人就跳进了湍急的河水中。

不一会儿,老人就从河里出来了,他的手里

拿着三把斧头：一把金的，一把银的，一把铁的。樵夫指着那把铁斧头对老人说："这把铁斧头是我的。"老人慈祥地抚摸着樵夫的头说："孩子，你是一个诚实的人。现在，我把金斧头和银斧头也送给你，你回家过好日子吧！"

回到村里，樵夫把自己的经历讲给同伴们听。他的同伴中有一个非常贪心的人，这人看着樵夫手中的金斧头，打起了坏主意。

他跑到河堤上，把自己的铁斧头投进河里，然后，坐在河边放声大哭。老人出现了，他问明了原因，又下到河里捞出三把斧头。那人一看，立刻指着金斧头大声地说："这是我的斧头！这是我的斧头！"老人生气地说："贪心的家伙，你应该受到惩罚！"

老人说完就不见了。结果,那个贪心的人连自己那把铁斧头也丢了。

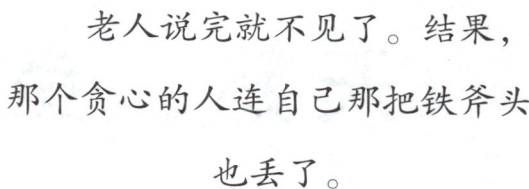

启迪

　　樵夫很诚实,他得到了老人的奖赏;他的同伴不老实,想骗得金斧头,到头来却连自己的铁斧头也丢了!小朋友,看到诚实的好处了吗?希望你也做一个诚实的人。

天鹅、鱼和螃蟹

有一天,天鹅、鱼和螃蟹在河边发现了一辆大车,这辆大车上装了许多稻草,大车的主人却不知道跑到哪里去了。于是三个伙伴想一起把这辆大车拉到旁边的树下,他们三个套上绳索,拼命用力拉,可车子还是拉不动。

培养孩子美好品德

其实,车上装的东西不算重,只是天鹅拼命向云里冲,螃蟹使劲儿往泥里钻,鱼直向水里拉。过了好半天,车子还停留在老地方。

三个伙伴累得满头大汗,车子却还是纹丝不动。喜鹊飞过来,笑着说:"你们每个人都往不同的方向拉车,这样拉,用力再大,也别想拉走车。"三个伙伴你看看我,我看看你,终于明白了他们失败的原因。

启迪

三个伙伴虽然都在使劲儿拉车,但劲儿不往一处使,怎么能拉走车子呢?想一想,你和小朋友共同做事时,如果心不往一处想,能做好事情吗?

好胜的老虎

老虎有着美丽的花纹,强壮的身体,是兽中的强者。因此,他认为自己无论做什么事都能胜过对手。再加上他有嫉妒的毛病,争强好胜的事在他身上便屡见不鲜。

这天,老虎来到小鸟跟前,看见小鸟正在尽情地歌

培养孩子美好品德

舞,便斜着眼睛说:"你这个丑八怪,跳什么!唱什么!敢和我比赛吗?""比就比!"小鸟说,"我们比在藤上跳舞吧!""那有什么了不起的!"老虎说。小鸟扭动着灵活小巧的身体,在藤上跳起了舞。小鸟跳完,该轮到老虎了。只见老虎爬到树上,纵身向藤上跳去,结果摔了个四脚朝天,引来小鸟一阵大笑。

老虎灰溜溜地离开森林,来到了田间。他看见一只鼹鼠在田埂上晒太阳,就假装惊奇地说:"哎哟!你怎么连脚都没有?""你别欺人太甚!"鼹鼠说,"我们比赛在人群中间跑过去如何?"老虎同意了这场比赛。结果,鼹鼠从人群中间溜了过去,可老虎穿越人群时却挨了人们一顿暴打。

老虎垂头丧气地来到烂泥塘边。当他看到泥塘里的螺蛳时，顿时忘了前两次的教训，傲慢地说："哎哟！世上比你丑的再也找不出第二个了。"螺蛳说："虎大哥，我虽然没有你的花纹，可我会的你却不会。请你过来和我比比如何过泥塘吧。"老虎想也没想就答应了。螺蛳在泥塘中稳稳地向前移动着。老虎好胜心切，纵身跳去，

培养孩子美好品德

结果掉在泥塘里,越陷越深,最后连影子也看不见了。

启迪

嘻嘻,这只老虎好胜得过了头,什么事儿都想胜过对手,这怎么可能呢?瞧瞧,他最终被好胜心害死了!是啊,每个人都有自己的长处和短处,谁也不可能处处都比别人强,这只老虎的悲剧再次告诉了我们这个道理。

蜘蛛的细腰

某天,蜘蛛阿南齐得到一个好消息:将有两席婚宴在今天同时举行。一席在东镇,另一席在西镇。

"我去吃哪家的好呢?"蜘蛛阿南齐在心里寻思着。他想了一会儿,就拿定了主意,"我的肚子太饿了,两席婚宴我都要去吃。"

于是阿南齐先到东镇去。

"你们这里什么时候入席?"他问当地的居民,但谁也不能告诉他确切的时间。

于是阿南齐又折回头到西镇去。

"客人都快要入宴了吧?"他问人家,可还是得不到

培养孩子美好品德

一个确切的回答。他就这样在两个镇之间跑来跑去,结果累得连双脚都站立不稳了。

阿南齐买来一根长绳,像系腰带一样系在自己的肚子上。然后唤过他的两个儿子阿莫西和阿莫林。

他把绳子的一端交给阿莫西,说:"你到东镇去。"

他把另一端交给阿莫林:"你呢,快快跑到西镇去。"

"婚宴一开始,你们就用绳子拉我去吃。"阿南齐吩咐两个儿子说。

"看来,只有用这办法,我才能吃得上两个镇的婚宴。"阿南齐自以为很聪明,便开始等待,看两边的绳子哪边先拉他。

然而,世上偏偏有这么凑巧的事,东镇和西镇的婚宴都在同一时刻开始。

阿莫西把父亲向自己这边拉,阿莫林也在同一时刻把父亲往自己这方拖。可怜的阿南齐在原地一动也不能动。两个儿子各拉着绳子的一端,越拽越得劲,越拉越使力。直到两地婚宴完毕,两个儿子才忙赶回家看父亲是怎么回事儿。

两个儿子回到家,看见阿南齐还坐在原来的地方,只

培养孩子美好品德

是模样变得跟原来很不像了。阿南齐的腰部成了细细的、细细的一条线。于是，他终生都成了这副模样。瞧，这就是太贪心造成的恶果。

启迪

蜘蛛阿南齐竟想同时在两个地方都吃到宴席，可结果呢，小朋友们都看见了，他哪家的宴席也没吃上，腰还被拉成了细细的一条线。唉，谁让他那么贪心呢！

孔雀的尾巴

森林里住着乌鸦、小猪、猩猩和孔雀,他们是好朋友。

一天,他们正在做游戏的时候,忽然从天上飘下来一位纯洁美丽的仙女,她问道:"你们中间谁长得最美丽?"乌鸦抢先说:"我最美,我身上的羽毛乌黑发亮,我还会唱歌。"接着就哇哇地叫起来。小猪也不示弱地说:"我的皮肤像雪一样白,而且我全身都是宝。"说完很神气地摇动着尾巴。猩猩更不服气,说:"我身上毛茸茸的,多雄健!"

这时仙女见孔雀低着头站在一边,一声不响,就问:"孔雀姑娘,

你为什么不说话呢?"孔雀羞涩地说:"我的尾巴上只有几根又短又细的羽毛,我不如他们美。"仙女

听了,不住地点头称赞,笑道:"孔雀姑娘,你最谦虚了,我要让你成为世界上最美丽的动物。"仙女说完,就从头上拔下一朵五颜六色的花,插在孔雀的尾巴上。顿时,孔雀尾巴一下子变成了一把五彩缤纷的"大扇子"。

"啊!真漂亮!"乌鸦、小猪和猩猩看了都赞不绝口,羡慕得不得了,他们也求仙女把自己变成世界上最美丽的动物。但仙女摇着头说:"不行,既然你们自以为是最美丽的了,我不能使你们变得更美了!"说完,仙女就飘走了。从此,孔雀就有了美丽的尾巴。

启迪

乌鸦、小猪和猩猩都以为自己很美丽,其实他们一点儿也不美。孔雀姑娘十分谦逊,她敢于承认自己的不美,所以,她得到了仙女的称赞,并拥有了美丽的大尾巴。小朋友,读完这个故事,你知道自以为是的坏处了吧!

金乌鸦

从前，有户人家，家里很穷。有一天，母亲让女儿去太阳底下晒一盘小米，并让女儿守着，别让鸟儿来啄米。

可是不一会儿就飞来了一只长着金羽毛的乌鸦，不管女孩儿怎么赶他，金乌鸦还是把米啄了个精光。女孩儿伤心地哭了，金乌鸦却笑笑说："小姑娘，等太阳下山的时候，你就到村口的大树下，我会赔偿你的东西。"

太阳下山时，女孩儿来到了村口的大树下，树顶上有个小小的金屋子。金乌鸦从小屋的窗口探出头来："我给你放架梯子下来，你是要金梯子、银梯子，还是铜梯子呢？"

"我是个穷孩子，有个铜梯子就行了。"谁知金乌鸦放下来的竟是一架金梯子，顺着梯子，女孩儿到了小金屋里。"我要请你在这里吃晚饭。你是想用金碟子、银碟子，

培养孩子美好品德

还是铜碟子装食物呢？"金乌鸦问。

"我是个穷孩子，有只铜碟子就行了。"可金乌鸦端来的却是金碟子，碟上的食物香极了。

临走时，金乌鸦拿出大中小三只盒子，让女孩儿任选一只带回家去。女孩儿要了那个小盒子回家去了。

到了家里，母女俩

打开盒子一看，发现里面装满了红宝石。

村里有一对贪心的母女，听说了这件事。贪心的妈妈就让女儿也到阳光下去晒米。金乌鸦飞来才吃了一点点米，贪心的女孩儿就喊道："快给我一些值钱的东西吧。"金乌鸦答应了。

太阳下山时，女孩儿来到大树下，还没站稳，就大叫："乌鸦，快把宝石给我吧！"

乌鸦拿出大中小三只盒子，由她任选一只带回家去。贪心女孩儿拿起一只大盒子就走。

回到家里，母女俩急忙打开盒子，一条大蛇从里面爬了出来，吓得母女俩夺门而逃。

启迪

第一个女孩儿善良,金乌鸦将红宝石送给了她;第二个女孩儿贪心,结果她得到了一条大蛇!呵呵,金乌鸦真公平!小朋友,希望你也能有第一个女孩儿那样的好心肠!

蜜蜂和蚯蚓

蜜蜂和蚯蚓原来是一对好朋友,那时候,蚯蚓也会飞。

蜜蜂天天早出晚归,采花酿蜜;而蚯蚓整日飞来飞去,一会儿站在花丛里唱歌,一会儿到草地上跳舞。

一天,蜜蜂拿出刚酿好的蜜请蚯蚓吃。蚯蚓吃得很高兴。回家后,他经常在想着蜜的甜美滋味,他越想越馋,实在忍不住,就溜到蜜蜂家去偷蜜吃。蜜蜂发现蜜少了,就去问蚯蚓看没看见是谁偷了他的蜜。蚯蚓红着脸说:"没看见呀!"蜜蜂决心抓住偷蜜的贼。

这一天,蜜蜂没去采花粉,而是躲到屋后草丛里观察。一会儿,就见蚯蚓溜进来偷蜜吃,蜜蜂一把抓住他责备

培养孩子美好品德

说:"你不应该偷好朋友的蜜呀!"蚯蚓羞红了脸,一头钻到地下,再也没脸出来了。

启迪

蚯蚓偷吃蜂蜜是不对的,可他撒谎不承认蜂蜜是自己偷的,就是错上加错了。其实呀,谁都会犯错误,关键是看犯了错误后的态度。蚯蚓要是及时承认了自己偷蜜的错误,说不定还会得到蜜蜂的原谅呢!

绿叶和树根

夏天,一阵微风吹过,大树上的绿叶儿随风摇摆着。她高兴地喊住微风:"喂,你看,我是不是很美呀!"

微风打心眼里赞叹道:"你真美!"绿叶儿"沙沙"地笑起来,又问:"你是不是还认为我很了不起呢?"微风惊奇地睁大了眼睛:"为什么呀?""是我保护了大树,使大树不至于光着身子;是我给牧童带来了阴凉;我的身子底下,是过路人歇脚的好地方,小动物也可以舒舒服服地睡个好觉;牧羊女的舞跳得那么好,那是我伴奏的结果……你说,我是不是很了不起?"微风不知该怎么回答,只好点点头。

这时,树根说话了:"绿叶儿,帮助路人遮阴纳凉的,不光是你,这可是大伙儿的功劳呀。"听了树根的话,绿叶儿气得直发抖:"你,你只不过是埋在地底下的破根罢了,凭什么和我分享功劳?"

"如果没有我,你从哪里吸取营养,怎么会长得这么茂盛,又怎能为人们遮阴呢?绿叶儿,我们最该做的不是自夸,而是为需要帮助的人服务!"

启迪

没有树根默默无闻的付出和支持,树叶能长得繁茂、能为需要帮助的人服务吗?答案肯定是不能的。小朋友,生活中也是一样,当你有了成绩时,千万别忘了那些默默支持你的人哟!

长鼻子王子

从前,有位王子,他什么都好,就是鼻子太长了。王后很爱王子,周围的人为了讨好王后,都说王子的长鼻子很好看。

王子长大了,他爱上了一位美丽的公主,并且准备和她结婚。在婚礼那天,一个

巫师出现了,拉住小公主,一下子消失了。

王子伤心极了,发誓要找回小公主。于是,他独自骑马出发了。

一天,王子路过一座山洞。山洞里住着一位仙女,她一见到王子就笑起来:"你的鼻子太长啦!哈哈哈……"王子第一次听见别人嘲笑他的鼻子,他很生气,立刻离开了仙女。

这天,王子来到一座水晶宫前,看见小公主被囚禁在里面。可是那座水晶宫没有门,也没有窗户,仅有的一个小洞口也只够让公主把手伸出来。王子想吻一下小公主的手,可是,他的长鼻子总是挡住他的嘴。王子发火了,说:"看来我的鼻子是太长了。"

他刚说完,水晶宫一下子就碎了,小公主自由了。这时,仙女出现了,她对王子说:"你承认了自己的缺点,困难就消失了！"王子摸摸鼻子，发现自己的鼻子变得和小公主的鼻子一样了！

启迪

在别人的夸奖声中，长鼻子王子发现不了自己的缺点。而当他发现自己的鼻子确实很长时，他勇敢地承认了自己的缺点。他真是一个好孩子！小朋友，我们要做一个诚实的人，有缺点就要敢于承认。

仙人和老树

一个仙人在山里走,看见一棵老树,树干高大,枝叶茂盛。旁边一个伐木工人,把斧头靠着树根,却并不砍他。仙人问:"这棵树总有几百岁吧,为什么不砍他?"

"没有什么用,既不能造屋,又不能造船。"伐木工人回答。

"这棵树因为质地差,不中用,所以能享长寿。"仙人感慨地说:"可叹世人,勤勤恳恳,忙忙碌碌,耗尽精力,还不及这棵树浑浑噩噩,能享长寿哩!"

"好仙人,这样的长寿,我并不愿意哩!"老树回答说,"我的同伴一棵棵被人砍去,有的做了房屋,住着人;有的做了桥梁,渡着人;有的做了车轮,千里万里地奔跑着……他们带给人们的安宁、方便、美丽、快乐,是无穷无尽的。像我这样,即使活上一万年,到头来,还是要死的。临死的时候,如果自己回想:一生中白白享受了阳光的照射、雨露的滋润,却对这世界没有一丝一毫的用处,真要羞愧得难以形容哩!"

仙人对于老树的这番议论,目瞪口呆,想不出半句答辩的话。

老树又对伐木工人

培养孩子美好品德

说："大哥，行行好，把我砍下来当柴烧也可以。当人们烧着木柴的时候，那辉煌的光……那炽烈的热……在光和热里我会含着笑死去……"

"你当柴烧，倒是好的。"伐木工人举起了斧头。

仙人呢，含羞带愧地走了。他觉悟到自己也不过是一个长生不老却没有发出一丝光和热的废物罢了。

启迪

老树为自己对世界没有用处而感到羞愧。要是每个人都像老树这么想，我们的世界就更加美好了。小朋友，愿你能成为一个对社会、对别人有好处的人！

喜鹊

在一座桥旁边长着一棵覆盆子树,树上的果子有的熟了,甜蜜蜜的;有的还不太熟,酸涩涩的。每天早上,白脖子喜鹊都飞来吃果子,吃得很过瘾。

她吃饱了,擦擦嘴,飞走时,还带上一些给家里的孩子吃。

有一次,山雀问她:"好婶子,你这甜甜的覆盆子果从哪儿采的呀?我也想采些来给我的孩子吃。你告诉我那地方好吗?"

"啊呀,远啊,那果树可太远了,太远太远了!"白脖子喜鹊骗山雀说。

"婶子,你这说的可不是真话。"山雀叽叽地说,"那

很远很远的地方，我去过，只有几棵松树，挂着一些松果，如今连松果也没有了。你还是告诉我吧，不告诉我，我自个儿也能找到。"

白脖子喜鹊一听，怕山雀真的找到那棵覆盆子树，于是贪心大发，折回头去，把那些甜熟的

覆盆子果都吃了，还把那没熟的也吃了个精光。

这不，喜鹊的肚子疼了。她勉强飞到家，把孩子都挤开，自己躺下，哼哼着直叫难受……

"婶子，你这是怎么啦？"山雀问喜鹊，"哪儿不舒服吗？"

"我干活干累了，"喜鹊唉声叹气地说，"累坏了，浑身骨头都疼得厉害。"

"治这号病啊，我倒是知道有一种草神着呢，啥病都能治好。"

"那神草长在什么地方？"白脖子喜鹊央求地问。

"啊呀，远啊，那神草长得可太远了，太远了！"山雀回答着。

喜鹊想起了山雀曾经说过的话："那很远很远的地方，我去过，只有几棵松树，挂着一些松果，如今连松果也没有了。"喜鹊想着，心中有苦难言，肚子疼得更厉害了。

启迪

如果喜鹊不那么贪心,能和山雀一起分享覆盆子果吃,那她不仅不会肚子疼,还多一个朋友呢。唉,又是贪心害了她!

三个贼

有个国家里住着一个非常富有的人,他养着一群群牛、羊和骆驼,有很多的钱财。有一天,三个贼按预先约好的时间偷偷溜进了这个富人的家,偷出了他的牲口和钱财。

他们把偷出来的赃物都弄到一个没有人知道的地方。

两个贼商量着让第三个贼去买点吃的东西来,那个贼就动身去买食物了。这两个贼心中都有鬼,所以不约而同地策划道:"我们的同伙一回来,这些东西就得分成三份。那时,我们俩到手的还能很多吗?最好这么办,等他一回来,我们就宰了他!"他们就这样商量定了。

第三个贼到市场后,他心里琢磨:"把东西分成三份,我到手的也就不太多了。我何不在买来的食物上撒点毒药,让两个同伙都见鬼去,那样,所有的东西就由我一人独享了。"

于是,他就在食物上撒了些毒药,然后,踏上回程。

刚走到两个同伙那儿,两个同伙就猛扑上来,把他捅死了,然后拿上他买回来的食物吃。他们吃了这些撒了毒药的食物,没一刻钟就一命呜呼了。

三个贼最后什么也没有得到，先后完蛋了。那些赃物被失主找到后，都拿回去了。

启迪

这三个自作聪明的贼害人又害己，最终都一命呜呼了。其实，美好的生活，都是通过自己的辛勤劳动换来的，谁都别想不劳而获。小朋友，你们说是吗？

狮子的答谢

有一次,一只凶猛的狮子在树林里四处捕食。他走到灌木林中,不小心一脚踩到了一根很大的刺。没几天,他的脚掌便肿得非常厉害,痛得他几乎无法站立。他只好用三条腿一瘸一拐地走路。他找到附近放羊的牧人。这个牧人一见狮子钻出树林,并朝自己走来,就吓得面无人色,赶紧躲进羊群里。但是狮子既不看绵羊,也

不瞧小羊羔，只是跛着腿穿过羊群，径直向牧羊人走来。

狮子彬彬有礼地站在牧羊人面前，用脸轻轻地擦着牧羊人的肩膀。接着，又将自己受伤的脚伸到他的怀里。牧羊人一见狮子那脓肿的脚掌，这才明白狮子为何对他如此恭敬有礼。他拿了一把锋利的小刀，划开伤口，将那根带着脓血的刺取出来。

狮子顿时感到舒服多了，他万分感激地舔着这位牧羊人的手，并在牧羊人身边躺了下来。狮子一直在牧羊人那儿

培养孩子美好品德

待到伤口愈合，才回到树林中去。

事隔不久，这只狮子掉到陷阱里被捕了。人们将他牵回去，并把他送到斗兽场，同那些被判处了死刑的犯人决斗。

说来也巧，那位牧羊人也在这些犯人之中，仅仅是由于一点小小的过错，他竟被判处了死刑，并被第一个送进斗兽场。只见人们打开铁门，那头饿慌了的狮子咆哮着冲了出来。

可是，当狮子一见牧羊人，马上站住了，并慢慢地朝牧羊人走去。当他走到牧羊人跟前时，终于确认眼前的正是自己的恩人，他大声地吼叫起来，并用种种方式向牧羊人表示恭敬和感激，然后卧倒在牧羊人的身边。这时，牧羊人也认出了这头狮子，他抱着那威武的狮头，轻轻地抚摸着。

人们对狮子的举动非常惊奇，便问牧羊人为什么狮子对他如此温顺。牧羊人便讲述了事情的全部经过。于是大家一致请求赦免牧羊人和狮子。他们苦苦地哀求着，直至牧羊人和狮子重新获得了自由。

狮子重新回到树林里，牧羊人也回到了他的茅舍和羊群身边。

启迪

故事中这只凶猛的狮子，虽然很饥饿，但他也不吃自己的恩人。动物都懂得感恩，更何况人呢！在生活中，我们要多帮助别人，这样，当自己有了困难，也会得到别人的帮助。

杜鹃鸟

在很远很远的北方，那里住着一位妈妈和四个孩子。妈妈很爱孩子，每天给他们烧饭、洗衣……真辛苦啊！可是孩子们一点儿也不听妈妈的话，整天在外面蹦啊，跳啊。

有一天，妈妈干了很多活儿，累病了。她躺在床上说："孩子们，到河边打些水给妈妈喝吧。"

最大的孩子说："我刚脱了靴子。"

第二个孩子说："我没戴帽子。"

第三个孩子说："我没穿外套。"

最小的孩子不说话，他根本不理妈妈。

妈妈的脸发白，说起话来声音发抖："唉，唉，妈妈真渴……快渴死了。"

孩子们好像没听见妈妈的话，说说笑笑出去玩了。太阳下山了，他们才玩够，一回家就喊："妈妈，饭做好没有？我们饿死了。"

他们抬头一看，惊呆了。妈妈变成了一只杜鹃鸟，拍拍翅膀，正往屋子外面飞。孩子们慌了，一起追了出去，一边追，一边喊："妈妈，妈妈，您别走，您别走！"

那只杜鹃鸟一边飞，一边叫："咕咕咕，咕咕咕，你们不给妈妈打水，妈妈只好自己去喝水了。"

孩子们一边追，一边喊："妈妈，妈妈，您别走！我们给您打水去。"

最小的孩子从小河里舀了一勺水，一边追，一边喊："妈妈，妈妈，您快回来，我给您打水来啦！"

这时候，杜鹃鸟已经飞得很远了，她叫着："咕咕咕，咕咕咕，孩子们，我不回来了。"

孩子们不停地追赶他

培养孩子美好品德

们的妈妈,可是怎么也追不上。他们的妈妈再也不回来了。

从这以后,杜鹃鸟就不做窝了,孵出小鸟来,也不去喂养他们了。

启迪

故事中生病的妈妈,因为得不到孩子们的关心、体贴,变成杜鹃鸟伤心地飞走了。小朋友,我们的妈妈抚养我们也那么辛苦,我们可要好好地孝顺妈妈。

孔雀皇后

孔雀仙子从天上来到人间,要在孔雀中挑选一只孔雀做皇后。孔雀们都在精心地做着准备。小花孔雀也同样在清洗和梳理自己的羽毛。

在这些孔雀当中,小花孔雀的羽毛是最丰满最美丽的,她还经常帮助别的孔雀。看来孔雀皇后是非她莫属了。

评选这一天终于来到了。孔雀们都来到了现场,真是五光十色,鲜艳夺目。

小花孔雀是最后来的。令大家惊讶的是,她尾巴上那些又长又鲜艳的羽毛都不见了,光秃秃的,真难看!

大家纷纷上前问道:"你尾巴上的羽毛哪儿去啦?"小花孔雀红了脸,说:"我来时飞得急了,被树枝碰掉了。"孔雀们一听,都替她惋惜，心里都在想：小花孔雀失掉了最美丽的羽毛，孔雀皇后肯定是当不成了。

孔雀仙子这时笑了，抬高了声音对孔雀们说："我知道得最清楚。小花孔雀为了帮助一位贫苦体弱的老奶奶，忍痛把尾巴上所有美丽的羽毛都拔掉了，换了钱送给了老奶奶。"孔雀仙子接着说："小花孔雀为了帮助贫苦的老

人，宁可失掉选举皇后的机会；做了好事又不张扬，这样的道德品质，难道不该做孔雀王国的皇后吗？"话音未落，孔雀们一齐欢呼起来。

启迪

小花孔雀做了好事，又不想让别人知道，于是她说出谎言。这种行为不但没有错，反而更说明她品德的美好。小朋友，你说是吗？

羚羊的尾巴

在辽阔的非洲大草原上，住着一群羚羊，他们自由自在地生活在这里。突然，他们的领地上来了一只凶猛的老虎，他每天都要吃掉一头跑得最慢的羚羊，羚羊们每天都在惶恐不安中度过。

这天，羚羊坐在一起开会，他们七嘴八

舌地开始讨论对付老虎的办法。一只羚羊说:"我们离开这里,去别的地方吧。"另一只羚羊反对说:"到哪里都有凶猛的野兽来吃我们,我看,还是请猎人来把老虎杀死吧。"很快,这个办法也被否决了,因为羚羊知道,猎人不仅会杀死老虎,还会猎杀羚羊,猎人比老虎更可怕。就这样,羚羊们讨论了一天也没有结果。

后来,一只聪明的老羚羊想出了一个办法,就是在老虎每次追他们时,所有的羚羊都露出他们的白尾巴。这办法特别灵,很少有羚羊再被吃掉了。

原来,老虎在追逐羚羊的过程中,是盯住一只去追。然而当所有

 培养孩子美好品德

羚羊都露出白尾巴时,老虎就分不清自己先前看到的是哪只了,也就追不上了。

启迪

团结让羚羊们摆脱了老虎的追捕。想一下,羚羊们要是不团结,老虎来了各逃各的,那肯定会有很多羚羊被吃掉。小朋友,记住吧:团结力量大!

谁最美

大云和小云是一对双胞胎，脸长得很相像，衣服穿得一样。她们每天一起上学，一起放学，老师和叔叔阿姨们见了，都夸她们俩一样漂亮。可是大云却在想：明明是我更漂亮，怎么能说我和小云一样呢？

一天，大云拉着小云问小花猫："小花猫，你说，我和小云的蝴蝶结，谁的美？"小花猫看看大云，又看看小云，说："大云和小云的蝴蝶结，一样的花，一样的美。"大云有点生气，声音又尖又响："小花猫，你再说，我和小云的裙子，谁的美？"小花猫看看大云，又看看小云，说："大云和小云的裙子，一样的红，一样的美。"大云更生气了，声音又急又凶："小花猫你快说，我和小云的皮鞋，谁的美？"小花猫看看大云，又看看小云，说："大云和小云

的皮鞋,一样的亮,一样的美。"

大云气得哇哇叫:"谁说一样美?我最美,我比小云美!"小花猫说:"你们的衣服分不清谁美谁不美,你们的声音分得清谁美谁不美。"

大云眼睛瞪得滚圆,忙问小花猫:"快说,快说,谁的声音最美?"小花猫挠挠耳朵说:"大云的声音那么凶,不文明;小云的声音又和气,又有礼貌。小云的声音比大云美。"

大云听了撅起嘴巴,皱起眉头,小

云听了笑眯眯地连连摆手把头摇。

小花猫舔舔鼻子,说:"大云的嘴撅得像小猫,小云的嘴笑得像朵花。小云的模样比大云美。"大云听了气坏了,追着小花猫要打。小花猫一边跑一边说:"大云要打人,行为不美!"

"扑通",小花猫掉进一条泥水沟。大云见了,拍手大笑。小云见了,一把抱起小花猫,泥水打湿了小云的皮鞋,弄脏了小云的裙子。小白兔路过看见了,说:"小花猫说得对,小云最美!"

启迪

大云小云长得一样,但小云声音和气,对人有礼貌;大云声音凶,还打人。她们谁更美呢?聪明的小花猫知道。小朋友,你知道了吗,真正的美不在于外表、衣着是否漂亮,而在于是否拥有美好的心灵、文明的举止。我们可要向小云学习哦!

幸运的鹿

在一片森林里,有两个好朋友狮子和熊,他们常常在一起打猎。

这一天,他们又一起出发,去寻找猎物。走半天,目光敏锐的狮子一下子发现了山坡上有只小鹿。狮子正要扑上去,熊一把拉住他说:"别急,鹿跑得快,我们只有前后夹击才能抓住他。"

狮子听了,觉得有道理,他们就分头行动了。

鹿正津津有味地啃着青草,忽然听到背后有响声。他回头一看,哎呀!不得了!一只狮子正向他扑过来了。鹿吓得撒腿就跑,狮子在后面紧追不舍,鹿跑得真快,狮子无奈追不上。

这时熊从旁边窜出来，挡住鹿的去路。他挥着蒲扇大的巴掌，一下子就把鹿打昏了过去。狮子随后赶到，他问道："熊老弟，猎物该怎么分呢？"

熊回答说："狮大哥，那可不能含糊，谁的功劳大，谁该分得多。"

狮子说："我的功劳大，鹿是我先发现的。"

熊也不甘示弱："发现有什么用，要不是我出主意，能抓到鹿吗？"

狮子很不服气地说："如果我不把鹿赶到你这里，你也抓不到啊！"

他们你一言我一语争个不休，谁也不让谁，都认为自己的功劳大，说着说着，两个就打了起来。

被打昏的鹿渐渐醒了过来，看到狮子和熊打得不可开交，赶紧爬起来，一溜烟逃走了。

当他们打得精疲力竭之后，回头一看，鹿不见了。熊和狮子你看看我，我看看你，后悔得直叹气。

启迪

狮子和熊一起抓住了鹿，却因为互相争抢功劳，而让鹿溜走了！唉，真替他们可惜啊！小朋友，当你与朋友一起做事，并有了成绩时，要懂得谦让，千万别像故事中的这两位朋友，只想着自己，不考虑别人！

生气的骆驼

一匹骆驼在沙漠里跋涉着。正午的太阳像一个大火球，晒得他又热又渴、焦躁万分，一肚子火不知道该往哪儿发才好。

正在这时，一块儿玻璃瓶的碎片把他的脚掌硌了一下，疲累的骆驼顿时火冒三丈，抬起脚狠狠地将碎片踢了出

去,却不小心将脚掌划开了一道深深的口子,鲜红的血液顿时染红了沙粒。

生气的骆驼一瘸一拐地走着,一路的血迹引来了空中的秃鹫。它们叫着在骆驼上方的天空中盘旋着。骆驼心里一惊,不顾伤势狂奔起来,在沙漠上留下一条长长的血痕。

跑到沙漠边缘时,浓重的血腥味引来了附近沙漠里的狼,疲惫加之流血过多,无力的骆驼像只无头苍蝇般东奔西撞。仓皇中跑到了一片食人蚁的巢穴附近,鲜血的腥味儿惹得食人蚁倾巢而出,黑压压的向骆驼扑过去。一眨眼,就

像一块儿黑色的毯子一样，把骆驼裹了个严严实实。不一会儿，可怜的骆驼就鲜血淋漓地倒在地上了。

临死前，这个庞然大物追悔莫及地感叹道："我为什么跟一块儿小小的碎玻璃生气呢？"

启迪

瞧瞧，一块小小的碎玻璃，竟夺走了骆驼的生命！临死前的骆驼后悔了，他认识到自己跟小小的碎玻璃生气，实在是不应该！可后悔有什么用呢？谁让他乱发脾气，不会容忍呢！

白马的故事

一匹体形矫健的白马,驮着主人出外办事。

当走到一片森林前,白马突然停住了脚步,接着就掉头往回跑。主人不解其意,紧紧地勒住了缰绳让白马返回来,但白马就是不听。

这匹白马平时十分驯良,很通人性,主人特别喜爱他。现在看到他不听话,不由得动了气,扬起马

鞭狠狠地抽打他。

白马的身上出现了道道血痕，但他还是坚持站在原地，不肯向森林那边走。正在这时，一只豹子从森林中窜出，直扑白马的主人。主人惊呆了，从马背上跌下来，连跑的力气都没有了。

白马毫不畏惧地向豹子冲过去，扬起前蹄，狠狠地踢在了豹子的腰部。豹子震怒了，忍着疼痛扑向白马。经过一番殊死的搏斗，白马虽然被豹子咬伤，但他越斗越勇，最后，他看准豹子的面部猛然踢去，豹子的一只眼睛受了重伤，只好转身逃入了森林。

主人痛哭着对白马说："你遭受毒打却依然坚持自己的主见，是多么正直啊！受到屈打却带伤来救我的命，又是多么善良啊……"

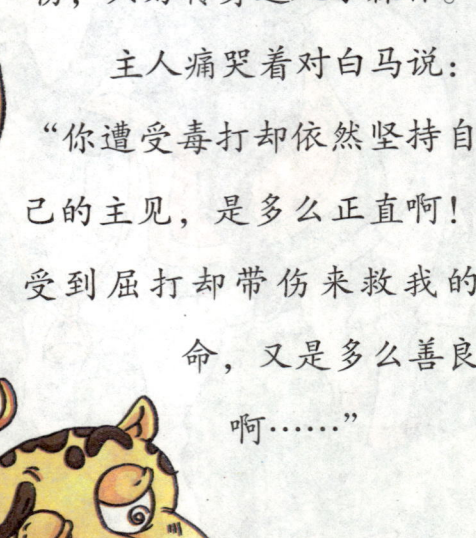

培养孩子美好品德

启迪

　　这匹白马遭受毒打,却依然坚持自己的主见,还带伤救了主人的命。这种精神和美德,是多么可贵啊!

西山羊和东山羊

森林中有一条河流，河水湍急，不停地打着旋涡，奔向远方。河上有一座独木桥，窄得每次只能容一人经过。

某日，东山上的羊想到西山上去采草莓，而西山的羊想到东山上去采橡果，结果两只羊同时上了桥。到了桥中心，两只羊被彼此挡住了去路，谁也走不过去。

东山的羊见僵持的时间已很长了，而西山的羊照样没有退让的意思，便冷冷地说道："喂，你的眼睛是不是有毛

病,没见我要去西山吗?"

"我看你是连眼都没长吧,要不,怎么会挡我的道?"西山的羊反唇相讥。

"你让还是不让?不让,我就闯。"东山的羊摇了一下头,那意思是:看到没有,我的犄角就像两把利剑,它正想尝尝你的一身肥肉是否鲜美呢。

"哼，跟我斗，没门儿！"西山的羊仰天长"咩"一声，便低头用犄角去顶东山的羊。"好小子，我看你是不想活了。"东山的羊边骂边低头迎上西山的羊。

"咔"，这是两只羊的犄角相互碰撞的声音。"扑通"，这是两只羊同时失足落入河水中的声音。森林里安静下来，两只羊跌入河心以后淹死了，尸体很快就被河水冲走了。

启迪

文中的两只羊一定很后悔，想想，如果他们俩有一个能让一让，就都不会掉到河里去了。小朋友，看到了吗？这就是不懂得谦让的后果！

三只老鼠偷油

有三只老鼠结伴去偷油喝,可是油缸非常深,油在缸底,他们只能闻到油的香味,根本喝不到油。

他们很着急。最后,他们终于想出了一个很棒的办法,就

是一只咬着另一只的尾巴,吊下缸底去喝油,他们取得共识:大家轮流喝油,有福同享,谁也不能独自享用。

第一只老鼠最先吊下去喝油,他在缸底想:"油只有这么一点点,大家轮流喝多不过瘾,今天算我运气好,不如自己先喝个痛快。"

夹在中间的第二只老鼠也在想:"下面的油没多少,万一让第一只老鼠把油喝光了,我岂不是要喝西北风了吗?我何必这么辛苦地吊在中间让第一只老鼠独自享受呢?我看还是把他放了,干脆自己跳下去喝个痛快!"

第三只老鼠则在上面想:"油是那么的少,等他们俩吃饱喝足,哪里还有我的份,倒不如趁这个时候把他们放了,我跳到缸底喝个饱。"

培养孩子美好品德

于是第二只老鼠狠心地放了第一只老鼠的尾巴，第三只老鼠也迅速放开了第二只老鼠的尾巴。

他们争先恐后地跳到缸底，浑身湿透，一副狼狈不堪的样子，加上脚滑缸深，他们谁也逃不出油缸了。

三只老鼠说是一起合作，要有福同享，可事实上，却又各怀心思，都只为自己打算。这怎么能算是真正的合作呢？结果，当然只能是失败了！

一壶水

有一个人在沙漠里行走了两天。途中遇到了暴风沙。一阵狂沙吹过之后,他已认不得正确的方向。正当快撑不住时,他发现了一间破烂的小屋。他拖着疲惫的身子走进了屋内。

这是一间不通风的小屋子,里面堆了一些枯朽的木材。他绝望地走到屋角,却意外地发现了一台抽水机。

他兴奋地上前汲水,却任凭他怎么抽水,也抽不出半滴来。他颓然地坐到地上,却看见抽水机旁,有一个用软木塞堵住瓶口的小瓶子,瓶上贴了一张泛黄的纸条,纸条上写着:"你必须把水灌入抽水机才能引出水!不要忘了,在你离开前,请再将水瓶装满!"他拔开瓶塞,发现瓶子里果然装满了水!

他的内心此时开始交战:"如果自私点,只要将瓶子里的水喝掉,

我就不会渴死,就能活着走出这间屋子!如果照纸条上的字做,把瓶子里唯一的水,倒入抽水机内,万一水一去不回,我就会渴死在这地方。到底要不要冒险?"

最后,他决定把瓶子里唯一的水,全部灌入看起来破旧不堪的抽水机里,他用颤抖的手把水倒进去,水真的大量

涌了出来!他喝足水后,又把瓶子装满水,用软木塞封好,然后在原来那张纸条后面,再加上他自己的话:"相信我,真的有用。"

启迪

小朋友,设想一下,如果这个人把瓶子里的水喝光了,那他能活着走出沙漠吗?要是每个人都能为他人着想,不自私,那我们的生活就会充满爱心和温暖!

生金蛋的鹅

农夫和他的妻子养了一只鹅。一天,这只鹅竟然下了一个金蛋,把夫妇俩高兴坏了。于是,每天晚上,他们都把鹅安放在厨房一角的窝里,放上一碗最好的玉米和一碟清水。第二天早晨,他们总能在窝里捡到一个亮晶晶、黄灿灿的金蛋。

没过多久,妻子对农夫说:"我住腻了这间破木屋,我想马上住在一幢宽敞明亮的大房子里。我还想有一大箱子的首饰……我要立刻成为一个贵妇人。"

农夫说:"我相信这只鹅会使我们富起来的,你的愿望会实现的。"妻子说:"一天只下一个金蛋,这太慢了。我得等到什么时候才能发财呀!"

"可是,除此之外,还有什么办法呢?"

"我想鹅肚子里一定有许多金蛋。咱们把鹅杀了,所有的金子不就可以一下子到手了吗?"妻子贪婪地说。

"对啊,我怎么没想到呢!如果是这样,我想买一大片田地,养好多好多的牛羊……"农夫也想入非非了。

他们迫不及待地把鹅宰了,剖开一看,这只鹅的肚子和别的鹅一样,连金蛋的影子也没有。

启迪

农夫和他的妻子,迫不及待地宰了鹅,却不仅没有成为暴发户,反而失去了每天一个金蛋的收入。嘻嘻,谁让他们贪得无厌呢!小朋友,记住他们的教训吧!

宰相肚里能撑船

宰相请一个理发师理发。

理发师给宰相理到一半时,也许是过分紧张,不小心把宰相的眉毛给刮掉了。他顿时惊恐万分,深知宰相必然会怪罪他。

于是他情急智生,连忙停下剃刀,故意两眼直愣愣地看着宰相的肚皮,仿佛要把宰相的五脏六腑看个透似的。

宰相见他这模样,感到莫名其妙,迷惑不解地问他:"你不理发,却光看我的肚皮,这是为什么呢?"

　　理发师装出一副傻乎乎的样子解释说:"人们常说,宰相肚里能撑船,我看大人的肚皮并不大,怎么能撑船呢?"宰相一听理发师这么说,哈哈大笑:"那是宰相的气量最大,对一些小事情,都能容忍,从不计较的。"

　　理发师听到这话,"扑通"一声跪在地上,声泪俱下地说:"小的该死,刚才修面时不小心将相爷的眉毛刮掉了!

相爷气量大，请千万恕罪。"

宰相一听啼笑皆非：眉毛给刮掉了，今后怎么见人呢？正要发作，但又冷静一想：自己刚讲过宰相气量最大，怎能为这小事，给他治罪呢？于是，宰相便豁达温和地说："无妨，且去把笔拿来，把眉毛画上就是了。"

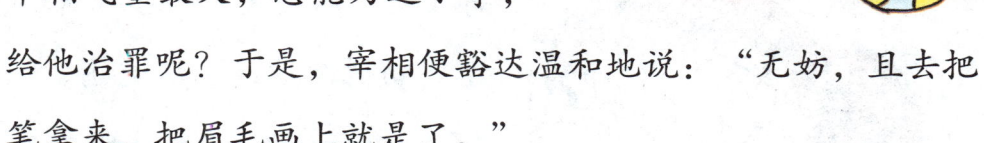

启迪

聪明的理发师利用"宰相肚里能撑船"的典故帮了自己，而宰相也因为自己的宽容而赢得了大家的尊敬。小朋友，相信你也能做个宽容的人。

毫不利人

有一个名叫李机的人，为人处世完全以自我为中心，对自己没有利的事，从来不管不问，哪怕是只需要他张张嘴，动动手就行的事，他也绝不肯办。

李机的妻子是个很贤惠的女人，面对"事不关己，高高挂起"的丈夫，她很犯愁，总想劝他改掉这个坏毛病。

有一年发大水，所有的人都去筑堤防洪，只有李机没去。大水退后，妻子对他说："要是人人都像你这样不去修堤，洪水一旦进来，大家不就都被泡在水里淹死了吗？"

还有一次，不知是谁把烟头扔到了柴

培养孩子美好品德

垛里,幸亏被人及时发现,扑灭了,才没有造成火灾。李机的妻子对他说:"要是你看到一定不会去扑,火要真的烧起来,咱们家也得跟着化为灰烬!"

妻子说归说,劝归劝,李机还是我行我素,对自己没有利的事,照旧不闻不问。一天傍晚,他喝完酒就往家走,快到村头的时候,迎头碰上一只狼正叼着个孩子,孩子还在哭叫。他心想:人家的孩子让狼吃了跟我有什么关系?于

是他照样晃晃悠悠地走自己的路。

他进村后还没走到家门口,就看见他的妻子慌慌张张地跑过来告诉他,他们的儿子让狼叼走了!

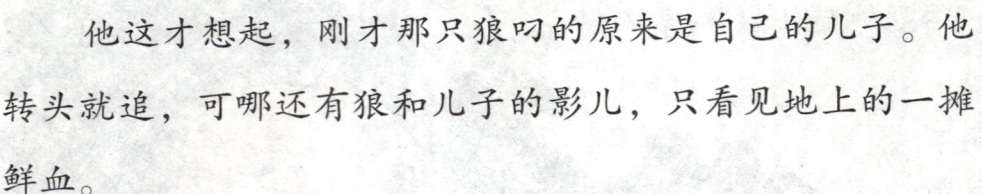

他这才想起,刚才那只狼叼的原来是自己的儿子。他转头就追,可哪还有狼和儿子的影儿,只看见地上的一摊鲜血。

启迪

这个自私自利的人认为"事不关己",结果送了儿子的命。小朋友们,我们应该多做好事,多为别人着想。

老虎学艺

从前，在一个幽静的小山林里，住着一只小老虎。他的力气很大，但身体却十分笨拙，连一只小兔子也抓不到，常常饿肚子。为此他很想拜个师傅，学点儿真本事。

想来想去他找到了小猫，恳切地说："小猫先生，我想拜您为师，把您的本领全教给我好吗？学成之后，我会好好儿报答您的。"

见小老虎这样诚心，小猫很高兴地答应了他。小猫每天起早贪黑，不辞辛苦地教小老虎翻、跳、爬、扑等各种捕食本领。他一招一式地教，小老虎一丝不苟地学。小老虎进

步很快，不久就变得身手敏捷了。

有一次，小老虎竟然把一头狮子打得落花流水，狼狈而逃。

小老虎渐渐地骄傲起来。就是见到自己的师傅，他也昂起头，眯着眼，一副不屑的样子。他甚至在心里盘算着吃掉小猫，做森林之王。

一天，小老虎趁小猫不注意，猛地向他扑去。机灵的小猫，转身窜上了树顶。小猫看着在地上急得直转圈的小老虎，气愤地说："你这个没良心的东西，我这爬树的本领就是故意不教给你的。"

直到现在，老虎也不会爬树。

启迪

小猫教会了小老虎很多本领,小老虎应该感谢他。可小老虎竟要吃掉小猫,真是个忘恩负义、不讲诚信的坏家伙!

九色鹿

　　恒河旁边，住着一头鹿，她的毛有九种颜色。九色鹿每天到恒河边吃草喝水，她的好朋友乌鸦，每天陪着她。

　　有一天，恒河里漂下来一个人，一会儿沉下去，一会儿浮上来，不时还哇哇大叫："救命啊！"九色鹿听到了，急忙跳进河里去，对那个人说："快，快，骑到我的背上来，双手抓住我的角。"就这样，九色鹿把那个人救上了岸。

　　那人跪在地上磕头，说："恩人啊！你救了我的命，让我留在这儿，每天给你割草打水吧！"九色鹿摇摇头说："我救你不是为了叫你谢我。

你回去吧,只要不告诉别人我住这儿,就行了。"那人想都没想,满口答应了。

这个国家的王后,有一天夜里做了一个奇怪的梦,她看见一头鹿,毛有九种颜色。王后醒来后对国王说:"我

要九色鹿，拿她的皮做坐垫，您赶快给我找来。要不，我就要死了。"

国王告诉全国的老百姓："谁找到九色鹿，就分给他半个国家。"可谁也不知道九色鹿住在哪儿，只有一个人，就是九色鹿救过的那个人知道。那人想："这下可好了，我可以发财了。"他跑到王宫里去，向国王报告，国王听了很高兴，立刻坐上车子，带了兵马，就跟着那个人，一直朝恒河的方向跑去。

这天，九色鹿正在睡觉，乌鸦飞过来叫醒了她。乌鸦对她说："快跑，一队兵马来了，恐怕是来捉你的。"九色鹿撒开腿就跑，可是已经来不及了。

国王的士兵拉满弓，要射杀九色鹿。九色鹿说："别射我，让我去见国王吧！"九

培养孩子美好品德

色鹿见了国王,只提了一个问题,是谁出卖了她?国王指着那个人说:"就是他!"九色鹿伤心极了,她流着泪说:"原来是他!我不顾危险,从恒河里把他救上来,现在他就这样来报答我。"国王听了九色鹿的话,非常生气,立刻便改了主意。他让士兵放了九色鹿,并下令把那个忘恩负义的家伙绑起来,扔到恒河里去。

启迪

　　九色鹿不顾危险地救人,又不图回报,这是多么高尚的品德啊!那个出卖九色鹿的人忘恩负义,把他扔到河里,也是他罪有应得。

荡秋千的小猴

猴山上有一只小猴,他机灵活泼,可大家都不喜欢他,因为他最爱取笑别人。

一天,小猴正在荡秋千,一只瞎了一只眼睛的猴子走过来,要和他一块儿玩。小猴大声嚷道:"走开,走开,我才不跟你玩呢!"

他秋千荡得更高了,一边荡,还一边编起歌儿唱:

"独眼龙,打灯笼,只见西来不见东。"

独眼猴被气跑了。嘻嘻,小猴得意地笑了。

这时,一只跛脚的猴子正朝这边走来。小猴又尖声尖气唱起来:"跛脚杆,脚杆跛,走起路来拐一拐。"

跛脚猴瞪了他一眼,气得转身就走。"咯咯",小猴笑得上气不接下气。

小猴在秋千上荡呀,荡呀,眨巴着眼睛,东瞧西看。咦,一只驼了背的老猴子,正坐在树上给他的孩子抓痒,小猴子又唱开了:"驼背驼,像骆驼,背上背着一大坨。"

"扑通",不好啦!小猴从秋千上摔下来了。"哎哟,哎哟——"小猴痛得在地上直打滚。

听到小猴的哭声,驼背老猴跑来了,独眼猴和跛脚猴也跑来了。他们扶起小猴一看:腿摔断了。驼背老猴忙给他接骨,跛脚猴给他上夹板,独眼猴给他扎绷带。

过了些日子,小猴的腿好了,能走路了。可是,骨头长得不好,走起路来一跛一跛的。小猴万万没有想到,自己也成了一只跛脚猴,多难看呀。他呜呜地哭了起来。

"小猴,你怎么啦?"驼背老猴问。

"我的腿残疾了,别人会笑我的。"

"怎么会呢?现在大伙儿不是比以前更爱护你了吗?只要你不自己看不起自己,谁都不会取笑你的。"

小猴想到以前,觉得很不好意思。

启迪

每个人都会或多或少存在一些缺陷,我们不能像故事中的小猴那样,因为别人的缺陷而嘲笑对方。相反,我们应该关心爱护那些有缺陷的朋友。小朋友,你说对吗?

抓"虱子"

小白兔、小山羊和小花鹿正在一块儿做游戏,一只小麻雀飞来,叽叽喳喳地叫道:"听我说!听我说!小猴身上有虱子,猴妈妈正给他抓呢。"

听了小麻雀的话,小白兔马上就接着说:"小猴多不讲卫生,我不跟他玩了。""我们也不跟他玩了,他身上的虱子会传给我们的。"小山羊和小花鹿也这么说。

正说着,小猴就来了。小麻雀连蹦带跳地唱道:"小猴小猴真邋遢,讨厌的虱子满身爬。"小猴眨巴着眼睛,莫名其妙地看看小麻雀,又看看三个小伙伴,就朝他们走过去。"别走近我们。"三个小伙伴一边叫着,一边往后躲。见平时挺要好的伙伴们这样对待自己,小猴觉得很难过,说:"我做错什么事了吗?""你没做错事。可你身上的虱子，传给我们怎么办？"

小猴一听，脸红了，哭着跑回家去找妈妈。

"妈妈，快给我洗洗澡吧，我的朋友们嫌我身上的虱子，都不跟我玩了。"说完呜呜地哭了。"虱子？你身上没有虱子呀！""那你刚才在我身上抓什么？还用牙齿咬。"妈妈笑起来，说："傻孩子，妈妈在你身上抓的不是虱子，是小盐粒，妈妈身体需要盐分。走，妈妈去跟你的伙伴们说说，他们会和你一起玩的。"

小猴和妈妈找到小白兔、小山羊和小花鹿，那多嘴多舌的小麻雀也还在那儿。小猴跑过去，大声对他们说："喂，你们都听着！我妈妈说了，在我身上抓的不是虱子，是小盐粒。""咯咯"！大伙儿都觉得小猴的话很可笑。树上的小麻雀又尖声尖气地唱起来："稀奇稀奇真稀奇，小猴身上长盐粒。""你们别笑，这是真的。"猴妈妈认真地说："我们猴子身上的毛很多，流出来的汗不容易干。汗里面有盐分，慢慢地就结成小盐粒，粘在身上痒痒的。刚才小麻雀看到我在小猴身上抓的就是小盐粒，我是抓来吃的。不信你们抓一粒尝尝。"

培养孩子美好品德

"哦,原来是这样。"小伙伴都不好意思地低下了头,小麻雀还给小猴道歉呢!

启迪

麻雀误把小猴妈妈抓盐粒,当成了抓虱子。他还四处宣扬,嘲笑小猴。这是一种极不礼貌的行为。生活中,我们可不能像小麻雀这样不讲礼貌!

爱显示自己的青蛙

有一只青蛙住在湖边,白天他到湖滩草丛里捕虫吃,夜里跳进湖水里睡觉,生活得很舒服。

这年夏天,恰好遇上大旱,一连几十天都没下雨。大河小溪断了流,湖泊池塘变成了干坑,连湖边的花草树木也被太阳烤得枯黄了。青蛙住的这个小湖,也早已水干草枯,露出了沙底儿。青蛙离了水,被炎日暴晒得皮干肉裂,他张着大嘴直喊:"哇!哇!干死我啦!呱!呱!渴死我啦!"

正在这时,有一对寻水的大雁,落在湖滩边。又干又渴走投无路的青蛙,见了大雁,像遇到了救星一样,使出浑身的力气,一蹦一跳地跑到大雁跟前,苦着脸恳求说:"好心的大雁啊,快救救我!请你们快把我带到有水的地方去吧。不然,我就要活活地渴死啦。"

培养孩子美好品德

大雁见这只青蛙可怜,很同情他的处境,便为难地回答说:"有心把你带到大海里去,可是,我们没有办法带你呀!"

"你们别着急,我有个好办法!"青蛙急忙说,"你们找来一根小木棒,一个咬住一头,我咬住中间,这样不就能带走了吗?"

"这个办法想得真妙!"两只大雁高兴地跳了起来,立即飞去找来一根细长的木棒,让青蛙咬在中间,抬起来向大海飞去。

　　这对大雁抬着青蛙，飞呀，飞呀，飞过了一山又一山，飞过了一滩又一滩。他们飞过几个蒙古包时，有人出来看见两只大雁抬着一只青蛙飞，大伙惊奇地喊叫起来："快来看，大雁抬着青蛙飞呢！"

培养孩子美好品德

"哎呀！多妙！是哪一个想出的好办法呢！"

爱显示自己的青蛙，听见人们的夸奖，险些喊出来："是我。"只因大雁飞得快，没等青蛙张嘴，便飞了过去。

他们又往前飞呀飞，飞到了有很多蒙古包的上空。不少人出来看见了，很多人不住地赞扬这办法想得实在妙。有的人呼喊起来："这个办法真妙！准是那对聪明的大雁想出来的！"

爱显示自己的青蛙，听见人们夸奖大雁，再也忍不住了，就张开大嘴喊道："是我……"他一张口便从木棒上掉了下来，掉在一块石头上，变成了肉酱。

启迪

每个人都有自己的长处，所以，即使自己有什么过人之处，也不要到处炫耀。瞧，那只爱显示自己的青蛙，不就已经尝到苦果了吗？

猴子称大王

猴子给老虎当差,为老虎传达各种命令。老虎每当要猴子办什么事情时,就从身上拔下一根毛,交给猴子。猴子手里有一根老虎毛,说话特别灵,他今天命令狐狸向老虎进贡一只山鸡,明天命令梅花鹿向老虎献一对鹿茸……总之,拿上一根老虎毛,要什么有什么,猴子觉得特别开心。

后来,老虎死了,猴子觉得今后再也不能向别人发号施令了。猴子正在痛苦的时候,忽然看见老虎身上那金光闪闪的毛,心中闪出一个念头:我之所以能命令别人,靠的是老虎毛。现在老虎虽然死了,但他的毛还在,我为什么不可以拿上老虎毛继续下命令呢?猴子于是把老虎皮珍藏起来,偷偷把老虎尸体埋掉了。

猴子拿出一根老虎毛对一只兔子说:"听着,老虎叫你弄一筐鲜桃来。"

兔子弄来一筐鲜桃。猴子又拿出一根老虎毛,说:"去!老虎想吃红枣,快去弄来!"

兔子弄来了红枣。猴子又叫他去弄花生,等弄来了花生,又叫他去弄栗子。兔子奇怪地想:老虎怎么现在净吃

素,不吃荤呢?

这天早晨,兔子早早儿在老虎洞口等着猴子传达命令,等了半天,猴子还不出来。兔子很好奇,就伸着脖子往洞里张望。他看见猴子刚起床,一边穿衣服,一边自言自语地说:"今天叫兔子去给我弄点什么呢?对了,叫他去弄些梨来解解馋!"

猴子钻到床底下,从老虎皮上拔下一根毛,走出老虎洞。兔子看清一切,赶回到洞口,等待猴子下命令。兔子从猴子手里接过老虎毛,一溜烟儿地跑下山去,一边跑,一边喊:"老虎死了,猴子凭着几根老虎毛称王呢!大家快来看哪!"

山民们包围了老虎洞。猴子仍然手捏老虎毛叫大家安静。可谁愿意听他

培养孩子美好品德

的呢？兔子进洞把老虎皮拖出来，猴子的脸和屁股全红了，再也变不过色来了。

启迪

弄虚作假是一件很不光彩的事情，你看，当猴子欺骗大家的行为被发现时，他羞得脸和屁股都红了！唉，弄虚作假迟早是会露出马脚的，猴子难道不知道这个道理吗？

狐狸和伐木人

森林里突然传出了几声清脆的枪声。伐木人抬起头来,看见一只狐狸慌慌张张地从林子里窜来,一直跑到他的面前。

狐狸喘着粗气对伐木人说:"好心的人,救救我吧!我被猎人追赶,再也跑不动了,求你把我藏起来。"

伐木人觉得狐狸很可怜,就让他躲进了自己的茅屋。不一会儿,猎人带着一群气势汹汹的猎狗追了过来,却不见狐狸的踪影,于是问伐木人:"你看到一只狐狸从这里逃走吗?"

伐木人装成若无其事的样子,说:"没有,我一直在这儿,根本没看见什么狐狸。"

猎人叹了口气,惋惜地说:"唉,又让他逃走了,这

培养孩子美好品德

只狐狸真漂亮,他的皮毛值好多的钱呢!"说完,猎人摇摇头叹息着,就准备离开这里了。

伐木人听说狐狸的皮毛值很多钱,不禁动了心。想对猎人说狐狸就在自己的茅屋里,可又怕狐狸听见了溜走,只好连连打手势,示意猎人进屋去抓。可是猎人丝毫没有注意到他的手势,就带着狗离

开了，可躲在屋里的狐狸却看得一清二楚。等到猎人走得没影了，狐狸才从屋里出来，招呼都不打一声就走了。

伐木人气坏了，指着狐狸骂："你真是个忘恩负义的家伙！怎么说我也救了你的命，你却连谢谢都不说一声，就这样走了，你真是太没有良心啦！"狐狸回过头来，轻蔑地笑了笑，说："如果你前面说的话和你后面做的手势一致的话，我就该感谢你了。"说完，就头也不回地离开了。

启迪

　　伐木人前后对狐狸的态度不一样，就是因为他知道了狐狸的皮毛很值钱。像他这样见利忘义、表里不一的人，只会失去别人的信任，被人瞧不起。

日偷一鸡

从前有一个人,他有个很坏的毛病,就是每天晚上都要出去偷邻居的鸡。

其实,他这个坏毛病并不是生来就有的。

他年轻的时候,有一次外出做工,到了很晚才往回赶,路过邻居家时,他偶然一瞥,发现邻居家的鸡笼没关好,心里不禁一动。他见四周没人,便悄悄来到鸡笼前,随手抓了一只

鸡就慌忙跑回了家。到了家里,他的心还"嘭嘭"乱跳。他仔细听了听,外面没有什么动静,这才松了口气。第二天,他看到邻居家还没什么动静,就更觉得没事了。

过了几天,他又偷了一只鸡,还是没有被别人发现。他心里想:看来这没什么,不会让人发现的。

从此以后,他每天都盯着别人家的鸡笼子,一有机会就去偷。最后,他自己都无法控制自己,每天必须出去偷一只鸡才算完成任务。

培养孩子美好品德

村里丢的鸡多了,就引起了大家的注意。终于有一天,他偷鸡时被当场抓住。村长说:"原来你是偷鸡贼!你本来是个老实人,为什么要偷别人家的鸡呢?这不是君子的行为。""我也不想偷,可我控制不了自己。但是,我已经在慢慢地改了。起初我是一天偷一只鸡,现在我是一个月才偷一只。我想,到了明年

我就不再偷鸡了,我一定能彻底改好。"听了他的狡辩,人们气得哭笑不得。村长严厉地说:"知道错了,还不立即改正,究竟要拖到什么时候?你一个月偷一只鸡,难道就不是偷了吗?"

那人听后,惭愧地低下了头。

启迪

这个日偷一鸡的人,只满足于表面上偷鸡数量的减少,却不从根本上改正自己的错误。小朋友,我们有了错误要坚决改掉,不能像他一样。

爱、财富和成功

圣诞节的傍晚,大街上灯火通明,就是郊区的人们也在装饰圣诞树,准备过一个热闹的圣诞节。街头的一户人家,女主人搬着圣诞树想把它放在窗外,圣诞树上的彩灯分外迷人。

女主人刚走到屋外,看见院门口坐着三位长着长胡须的老人。虽然是陌生人,但是女主人仍是很热情地招呼道:"到屋里吃点东西吧,老人家。"

"家里的男主人在吗?"老人们问。

"他出去买东西了。"妇人说。

"那我们不能进去。"老人们回答说。

夜幕降临了,丈夫回到家里,妇人将事情的经过告诉了他。丈夫说:"我现在回来了,去请他们进来吧!"于

是，女主人出门邀请三位老人进屋。

"我们不能同时进屋的。"老人们说。

"为什么呢？"女主人非常迷惑。

其中胡子最长的老人说道："我们三个的名字分别是：财富、成功和爱。"接着又补充说："你去与男主人商量一下，决定我们哪一位到你们的家里去。"

女主人进屋后同丈夫商量。丈夫兴奋地说要请"财富"，妻子则更倾向于邀请"成功"，就在两人争执不下时，他们决定由第三方，他们家的儿媳妇来决定，而儿媳妇毫不犹豫地选择了邀请"爱"进屋。

犹豫了一下，丈夫对妻子说："就照儿媳妇的意见办

培养孩子美好品德

吧!"于是,女主人再次来到屋外,邀请"爱"老人进屋,可令她诧异的是,另外两位老人也同"爱"一起进屋来了。

女主人惊讶地问道:"我只邀请'爱',怎么你们三位一道都进来了呢?"

老人们齐声地回答:"如果你邀请的是'财富'或'成功',那么只有被邀请的一人进屋,可如果你邀请'爱'的话,那么无论'爱'走到哪儿,我们都会跟随到哪儿。"

启迪

如同故事中所说,哪儿有爱,哪儿就有财富和成功。当你敞开心扉,迎接爱的到来时,和它一起来到你的身边的,还有成功和财富!这个儿媳妇真聪明,她就知道这个秘密。

神笔马良

从前,有个孩子名叫马良。马良很喜欢画画,可是家里穷,连一支画笔也没有。

一天晚上,有位长胡子老爷爷走过来对他说:"马良,我送给你一支笔,去给穷人画画吧!"马良高兴极了,接过画笔,就在墙上画了一只大公鸡。真奇怪,大公鸡从墙上飞下来,"喔喔"地叫起来。原来,老爷爷给他的是一支神笔。

马良有了这支神笔,天天给村里的穷人画画。一天,他看见一个老人和一个小孩子拉着犁在耕地,因为泥土硬,拉不动。于是马良拿出神笔,给他们画了一头大耕牛,只听"哞……"的一声,大耕牛就下去拉犁耕地了。

培养孩子美好品德

　　有个大官听说马良有一支神笔，就把他抓到衙门里，要他画金元宝。马良不画，大官就把他关在监牢里。到了半夜，趁看守监牢的士兵都睡熟了，马良用神笔在墙上画了一扇门，门马上打开了，马良对关在里面的穷人说："乡亲们，咱们出去吧！"穷人们都跟着他逃出去了。大官听到报

告，派人去追，又把马良抓去了。那个大官命令手下人抢走马良的神笔，交给一个画师，要他在墙上画棵摇钱树。画师就用神笔画了一棵摇钱树。画师刚画好，大官就急不可待地扑上去，只听"砰"的一声，他的头撞在了墙上，额头上立刻起了一个大疙瘩。

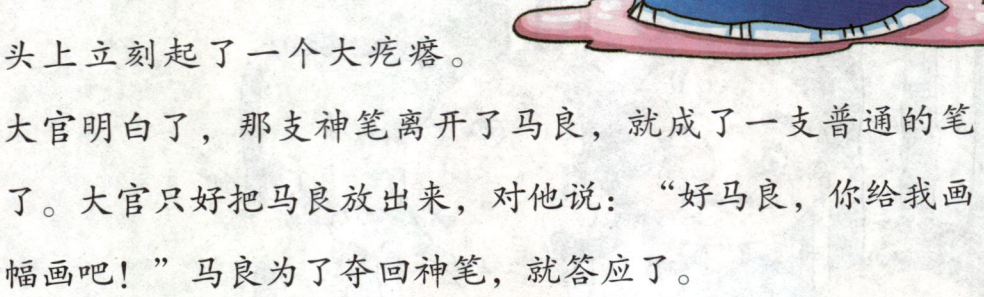

大官明白了，那支神笔离开了马良，就成了一支普通的笔了。大官只好把马良放出来，对他说："好马良，你给我画幅画吧！"马良为了夺回神笔，就答应了。

　　大官就把神笔还给马良，叫他画一座金山。马良真的给他画了一座金山，只见金山上金光闪闪，满山都是金子。大官高兴得直跳。马良接着在金山四周画了一片大海。大官说："快画一艘大船，我要去金山运金子。"于是马良就画了一艘大船。大官带了许多官兵，跳上船去。马良又画了几

培养孩子美好品德

笔风,桅杆上的白帆就鼓起来,直向金山驶去。大官还嫌船慢,大声说:"风再大些,风再大些!"马良又加上粗粗的几笔风,大海立即汹涌起来。大官心里害怕,急叫着:"风够了!风够了!"马良不理他,还是一个劲地画风。风更猛了,浪更急了,大船翻了。最后,大官他们全沉到海底去了。

启迪

马良用神笔和智慧,帮助了那些有困难的人,还与贪心作恶的大官作斗争,使他们受到了应有的惩罚。马良的聪慧、善良、正直和勇敢,值得我们学习。

孔融让梨

孔融是东汉末年著名的文学家。他从小就聪明好学，知书达理。

有一天，孔融家客厅的大桌上放着一些金灿灿的蜜梨。父亲把孔融和他的哥哥、姐姐叫到桌前，面对清香诱人的蜜梨，孩子们个个馋得直咽口水。母亲笑着对孩子们说："这梨是你们父亲的学生刚送来的，你们喜欢就拿着吃吧。"

一听母亲说让拿了，早就忍耐不住的哥哥、姐姐们一哄而上，有的还边争边嚷着："这个大的是我先拿到的！"只有孔融站在一旁没有上去抢梨，有的梨在哥哥、姐姐们的争抢中掉落在地，他就捡起来放回桌子上。

看着孩子们争抢又大又好的梨，父亲终于忍不住大怒

培养孩子美好品德

了……听到父亲的呵斥,孩子们都吓呆了。

父亲责备说:"看到吃的就争着抢大的、好的,这成何体统?大家把手上的梨都放回桌上。"哥哥、姐姐们看着手中抢到的梨,很不情愿地放回桌上。父亲看看站在一旁的孔融,说:"融儿,今天这梨由你来分。"

孔融在桌上拣了一个最大的梨，转身走到父亲面前："父亲，请您先尝尝。"接着，他又双手捧着一个大蜜梨走到母亲面前："母亲，您为大家操劳很辛苦，这个大的您吃。"就这样，孔融把大梨好梨依次又分给了哥哥、姐姐们，而把一只最小的梨留给了自己。

坐在一旁观察的父亲开口说："融儿，你为什么留最小的给自己？我没有这样要求啊。"孔融思索片刻，笑着对父亲说："因为我年纪最小，理应吃最小的。"听到孔融这么说，母亲激动地一把将他搂在怀里。哥哥、姐姐们拿着分到的梨，都惭愧地低下了头。

启迪

孔融小小年纪就懂礼貌,知道把大梨让给别人,把小梨留给自己。生活中,我们要向孔融学习,要和小朋友友好相处,懂得谦让。

辛弃疾虚心求教

南宋著名的词人辛弃疾才华出众,但他十分谦虚。

有一次,辛弃疾大宴宾客,许多人都慕名而来,座上聚集了不少有学问的人。宴席间,辛弃疾请歌女演唱自己新填的词,为大家助酒兴。歌女演唱了《贺新郎》和《永遇乐·京口北固亭怀古》。所有宾客纷纷称赞:"好词!好词!"

这时辛弃疾起身离座,拱手对宾客们说:"承蒙各位夸奖,稼轩受之有愧。这首词肯定还有疏漏之处,请各位不吝赐教。"

众宾客异口同声地说:"很完美了,谁还能提出缺点来?你就不要谦虚了。"

辛弃疾诚恳地对众宾客说:"我不是一个只喜欢听奉承话的人,还是请大家多给我的作品提提意见吧!"可是大家还是推辞,说提不出意见。

这时,辛弃疾忽然发现宾客中有一位年轻人,欲言又止,就朝他走过去,态度诚恳地说:"年轻人,请说说你的看法吧!"

这位年轻人原来是抗金名将岳飞的孙子，名叫岳珂。岳珂见辛弃疾如此恳切，便直言不讳地说道："您的词气势磅礴，立意新颖，遣词贴切，非常感人。不过，我有一个不一定正确的看法，那就是我认为您的词中用典稍多了点。"

辛弃疾听后，赞许地含笑点头，并转身对大家说："这位年轻人提的意见非常中肯，一语切中了我这首词的毛病。"

自这次宴会后，辛弃疾便每天都将新作的词反复地推敲修改。他还常邀岳珂到家中做客。

后来，岳珂写了一本书，其中详细地记载了他与辛弃疾的交往，并由衷地赞叹辛弃疾谦虚好学的精神。

培养孩子美好品德

启迪

辛弃疾虽然才华出众，成就很高，但他从不骄傲自大，反而虚心听取后生晚辈的意见，修改自己的词作。正是他谦虚好学，才使他成为著名的词人。

崔枢诚实还珠

唐朝时,有一个叫崔枢的书生到京城长安应试。中途,他遇到了一个商人。商人得知崔枢上京城,很高兴地对崔枢说:"啊!真是巧呀!我也要到京城去。不如我们结伴同行,在路上互相也能有个照应。你觉得怎样?"崔枢听商人如此一说,也很高兴地答应了。于是,两人一路上互相关心,互相帮助,结伴前行。

这一天,崔枢与商人来到了汴州的一家客栈。当天夜里,那个商人突然染上重病,崔枢又是忙着找大夫,又是忙着煎药，一连好几天都是从早忙到晚，始终陪伴在他的身边照顾他。可是，商人的病情不但没见好转，反而越来越严重了。

临终前，商人感激地拉着崔枢的手说："这些天承蒙

你悉心照顾，我想，我剩下的时间不多了，我死以后，还要麻烦你将我安葬。我这里有一颗罕见的宝珠，就送给你作为报答吧。"说完，商人就去世了。

　　崔枢想：帮助贫病中的人是应该的，我怎能贪图别人的宝物呢？想到这，崔枢自己出钱为商人料理了后事，并且将宝珠与商人一起埋葬后，就进京应试去了。

　　一年以后，商人的妻子得知丈夫已经去世，是由一个叫崔枢的人安葬的。为了那颗价值连城的宝珠，商人的妻子竟然将崔枢告到了官府。

　　崔枢很快被带到大堂上，他对商人的妻子说："你误会我了，我并没有拿那颗宝珠，而是把它埋在你丈夫的坟墓

培养孩子美好品德

中了。"

于是，在官府的安排下，崔枢将众人带到了商人的安葬地，衙役们挖出商人的棺木，打开一看，宝珠果然在那里。人们纷纷赞扬崔枢是一个重义轻财、诚实守信的人。

启迪

乐于助人、诚实守信是中华民族的传统美德。崔枢帮助病中的商人，不贪图他的宝珠。他的美好品德，比宝珠更珍贵。

少年宋濂

明朝著名学者宋濂少年时特别喜欢读书,关于他少年求学的经历,流传着这样一段佳话。

宋濂少年时由于家里很穷,买不起书,所以,每一次都是从别人家里借书来读。每次借书,他都按时还书,从不延期,因此,人们都乐意把书借给他。

有一次,他从别人那里借到了一本好书,越读越爱不释手,便决定把书抄下来。可是还书的期限快到了,他便决定连夜抄书。

时值寒冬腊月,滴水成冰。夜深了,母亲见他仍伏案抄书,便心疼地劝道:"孩子,都深更半夜了,天又这么冷,天亮再抄吧。别人又不是急等这书看。"

宋濂说:"不管别人等不等这本书看,到期限就要还,这是个诚信问题,也是尊重别人的表现。如果说话做事不讲诚信,失信于人,怎么可能得到别人的尊重呢?"

又有一次,宋濂要去远方向一位著名学者请教,已经约好了见面日期。谁知

出发那天,突然下起了鹅毛大雪,漫山遍野一片白色,西北风还猛烈地刮个不停。

当宋濂挑起行李准备上路时,母亲拉住他问:"儿啊!你这是要去哪里呀?"

"我去向老师求学啊,这不是早就约好的吗?"宋濂回答母亲说。

"可是,这样的天气怎么能出远门呀?再说,老师那

培养孩子美好品德

里也早已大雪封山了。你这一件旧棉袄,根本抵挡不住深山的严寒啊!"母亲心疼地劝说宋濂。

宋濂说:"娘,今天不出发就会错过跟老师约定的日期,这就失约了。失约就是对老师不尊重啊!风雪再大,我也要上路。"说完,宋濂毅然冒着风雪上路了。

当宋濂赶到老师家里时,老师不住地称赞道:"年轻人,守信好学,将来必有出息!"

后来,诚信求学的宋濂成了我国历史上有名的学者。

启迪

小宋濂克服种种困难,就是为了信守诺言,尊重别人。这是多么难得的品质啊!读完《少年宋濂》的故事,小朋友们就要学习宋濂那种诚实、守信、好学的精神。

图书在版编目(CIP)数据

MQ·培养孩子美好品德/张新欣主编.—天津：天津科学技术出版社，2012.3（2019.6重印）

（中国学生培优Q计划）

ISBN 978-7-5308-6849-2

Ⅰ.①M… Ⅱ.①张… Ⅲ.①品德教育-中国-青年读物②品德教育-中国-少年读物 Ⅳ.①D432.62

中国版本图书馆CIP数据核字（2012）第043242号

MQ·培养孩子美好品德
MQ PEIYANG HAIZI MEIHAO PINDE

责任编辑：郑　新

出　　版：	天津出版传媒集团 天津科学技术出版社
地　　址：	天津市西康路35号
邮　　编：	300051
电　　话：	（022）23332674
网　　址：	www.tjkjcbs.com.cn
发　　行：	新华书店经销
印　　刷：	三河市燕春印务有限公司

开本 700×1000mm 1/16　　印张 9　　字数 150 000

2019年 6月第 1 版第 3 次印刷

定价:29.80元